Introdução

Este livro foi criado com base no clássico conto "Alice no País das Maravilhas" de Lewis Carroll, com o intuito de usar elementos lúdicos e associações criativas para captar a atenção do leitor e explicar, de maneira divertida e acessível, o que é o Bitcoin.

Ao adaptar a mágica jornada de Alice para o mundo do Bitcoin, nosso objetivo é tornar este conceito tecnológico mais fácil de entender para crianças, adolescentes e adultos. Através das aventuras de Alice, exploramos a natureza do Bitcoin, sua história, funcionamento e os benefícios que ele pode trazer para o mundo.

Acreditamos que a educação sobre novas tecnologias deve começar cedo, e nada melhor do que uma história envolvente para facilitar o aprendizado. Utilizando metáforas e personagens familiares, pretendemos desmistificar o Bitcoin, tornando-o acessível e compreensível para os jovens leitores.

Esperamos que esta abordagem única não apenas esclareça os conceitos básicos do Bitcoin, mas também inspire uma curiosidade contínua sobre a inovação e a liberdade financeira.

Com carinho,

Danilo Miranda

Escrito e ilustrado por Danilo Miranda, também conhecido pelo canal no YouTube Danilo Coin.

Olá, querido leitor,

Meu nome é Danilo Miranda, e sou um entusiasta e estudioso do universo das criptomoedas e da tecnologia blockchain. Minha jornada neste campo começou há vários anos, movida pela curiosidade e pelo desejo de entender como essa inovação tecnológica poderia transformar nossas vidas e o sistema financeiro global.

Com formação em Gestão Pública e graduando em Ciências Econômicas, tenho dedicado grande parte da minha carreira à pesquisa e à disseminação de conhecimento sobre Bitcoin e outras criptomoedas. Acredito que a educação é a chave para a adoção e o entendimento de novas tecnologias, e é com esse espírito que escrevi este livro.

Minha experiência inclui a criação de um canal no YouTube, o Danilo Coin, que me permite disseminar conhecimento sobre este universo. Tenho o prazer de compartilhar o que aprendi ao longo dos anos com você, de uma maneira acessível e envolvente. Meu objetivo é desmistificar o Bitcoin e mostrar como ele pode beneficiar a todos nós, promovendo liberdade econômica e inclusão financeira.

Espero que você aproveite esta jornada tanto quanto eu gostei de escrevê-la. Que este livro seja um guia e uma fonte de inspiração para explorar as maravilhas do Bitcoin e o vasto potencial do mundo das criptomoedas.

Com gratidão,

Danilo Miranda

Alice no País do Bitcoin

Descubra o Fascinante Mundo do Bitcoin Através das Aventuras de Alice no País das Maravilhas!

Escrito e ilustrado por Danilo Miranda, também conhecido pelo canal no YouTube Danilo Coin.

Danilo Miranda

Alice no País do Bitcoin

1º Edição

2024

Escrito e ilustrado por Danilo Miranda, também conhecido pelo canal no YouTube Danilo Coin.

Dedicatória

A todas as pessoas que acreditam na inovação e na liberdade.

Dedico este livro aos curiosos e aos corajosos, aqueles que estão dispostos a aprender e a explorar novos horizontes. Aos pioneiros que enxergam além do presente e trabalham para construir um futuro melhor. Às mentes inquietas que questionam o status quo e buscam soluções criativas para os desafios que enfrentamos.

Aos meus amigos e familiares, cujo apoio incondicional me deu a coragem para seguir meus sonhos, e principalmente à minha esposa, Radhasakti, sem a qual este livro talvez tivesse permanecido apenas como uma ideia na minha cabeça.

À comunidade global de entusiastas do Bitcoin e da blockchain, por sua paixão, dedicação e colaboração contínua para tornar esta tecnologia uma realidade.

E, principalmente, a você, leitor, por embarcar nesta jornada de descoberta. Que você encontre inspiração, conhecimento e motivação nas páginas deste livro, e que juntos possamos contribuir para um mundo mais livre, justo e inovador.

Com carinho,

Danilo Miranda

Capítulo 1: A Descoberta do Buraco da Toca (Introdução ao Bitcoin)

Alice, curiosa e aventureira, encontra um misterioso buraco de toca que a leva a um novo mundo digital, onde conhece personagens que a introduzem ao conceito de Bitcoin e como ele funciona.

Capítulo 2: O Coelho Branco e a Chave Privada (Segurança e Criptografia)

Alice segue o Coelho Branco, que lhe explica a importância das chaves privadas e da criptografia para manter suas transações seguras no mundo do Bitcoin.

Capítulo 3: O Chá da Descentralização (Benefícios do Bitcoin)

Durante um chá com o Chapeleiro Maluco e a Lebre de Março, Alice aprende sobre os benefícios da descentralização do Bitcoin, incluindo transações rápidas e seguras sem intermediários.

Capítulo 4: A Rainha de Copas e os Desafios da Regulação (Desafios e Regulação)

A Rainha de Copas representa as entidades regulatórias. Alice descobre os desafios que o Bitcoin enfrenta em termos de regulação e legislação, explorando as tensões entre inovação e controle estatal.

Capítulo 5: O Gato de Cheshire e a Anonimidade (Privacidade e Anonimidade)

O Gato de Cheshire ensina Alice sobre a importância da privacidade e anonimidade no uso do Bitcoin, comparando o uso de pseudônimos no mundo digital com o dinheiro físico.

Capítulo 6: A Lagarta e a Evolução do Dinheiro (História do Dinheiro e do Bitcoin)

Alice encontra a Lagarta, que a leva a uma reflexão sobre a evolução do dinheiro ao longo da história, culminando com o surgimento do Bitcoin como uma resposta à crise financeira global.

Capítulo 7: O País das Maravilhas Econômicas (Teoria Econômica do Bitcoin)

Explorando o País das Maravilhas, Alice aprende sobre a teoria econômica por trás do Bitcoin, incluindo a oferta limitada e a deflação, conceitos explicados de maneira simplificada.

Capítulo 8: O Tabuleiro de Xadrez das Transações (Mineração e Blockchain)

Alice participa de um jogo de xadrez que representa a mineração de Bitcoin e o funcionamento do blockchain, aprendendo sobre a verificação de transações e a criação de novos bitcoins.

Capítulo 9: As Cartas de Crédito (Comparação com Sistemas Tradicionais)

Alice encontra um baralho de cartas que representam os sistemas financeiros tradicionais, aprendendo as vantagens e desvantagens do Bitcoin em comparação com bancos e cartões de crédito.

Capítulo 10: O Espelho da Liberdade (Liberdade Monetária)

Alice atravessa um espelho que simboliza a liberdade monetária proporcionada pelo Bitcoin, refletindo sobre o futuro das finanças e a importância da liberdade econômica.

Considerações Finais: O Retorno ao Mundo Real

Alice retorna ao mundo real, agora com uma nova compreensão sobre o Bitcoin e seu potencial para transformar o sistema financeiro global. Ela compartilha seu conhecimento com os amigos, incentivando uma reflexão sobre a importância da inovação e da liberdade econômica.

Escrito e ilustrado por Danilo Miranda, também conhecido pelo canal no YouTube Danilo Coin.

Capítulo 1: A Descoberta do Buraco da Toca
(Introdução ao Bitcoin)

Alice estava entediada com os estudos convencionais de economia, repletos de gráficos e números confusos. Em uma tarde ensolarada,

enquanto passeava pelo jardim, avistou um coelho branco correndo apressado e murmurando algo sobre "um novo mundo de moedas digitais". Curiosa como sempre, Alice seguiu o coelho até um buraco escondido entre as flores. Sem hesitar, decidiu entrar e, em um piscar de olhos, caiu em um túnel profundo e colorido.

Ao chegar ao fundo, Alice encontrou-se em uma terra estranha e maravilhosa. A primeira criatura que encontrou foi o Coelho Branco, que se apresentou com um sorriso: "Bem-vinda ao País do Bitcoin, Alice! Aqui, vou te mostrar como funciona essa moeda digital revolucionária."

"Bitcoin?", perguntou Alice, ainda confusa.

"Sim, Bitcoin é uma forma de dinheiro digital," explicou o Coelho. "Diferente do dinheiro tradicional que você conhece, o Bitcoin não é controlado por nenhum governo ou banco. Ele é descentralizado, o que significa que as transações ocorrem diretamente entre pessoas, sem intermediários."

Escrito e ilustrado por Danilo Miranda, também conhecido pelo canal no YouTube Danilo Coin.

Enquanto caminhavam, o Coelho continuou: "Imagine que você quer enviar dinheiro para um amigo do outro lado do mundo. Com o Bitcoin, você pode fazer isso de forma rápida, segura e barata, sem precisar de bancos ou empresas como o PayPal."

Alice olhou ao redor, observando as estruturas feitas de códigos brilhantes. "Mas como isso é possível?", perguntou.

"É tudo graças à tecnologia blockchain," disse o Coelho. "O blockchain é como um livro-razão público, onde todas as transações são registradas e verificadas por uma rede de computadores. Isso torna o Bitcoin seguro e transparente."

Alice ficou maravilhada. "Então, qualquer pessoa pode usar Bitcoin?"

"Sim," respondeu o Coelho. "Qualquer pessoa com acesso à internet pode criar uma carteira digital e começar a usar Bitcoin. É uma moeda global, acessível a todos."

Intrigada, Alice decidiu explorar mais aquele mundo fascinante. Enquanto caminhava, encontrou outras criaturas que lhe contaram histórias sobre como o Bitcoin estava mudando suas vidas, tornando transações mais fáceis e protegendo contra fraudes.

Com cada passo, Alice se sentia mais entusiasmada. Ela percebeu que o País do Bitcoin não era apenas um lugar de tecnologia, mas um espaço de possibilidades infinitas. "Este é apenas o começo da nossa aventura," disse o Coelho Branco. "Há muito mais para descobrir sobre como o Bitcoin está transformando o mundo das finanças."

Escrito e ilustrado por Danilo Miranda, também conhecido pelo canal no YouTube Danilo Coin.

E assim, com o coração cheio de curiosidade, Alice seguiu seu guia, pronta para desvendar todos os segredos do País do Bitcoin.

Alice estava cada vez mais encantada com o País do Bitcoin. Enquanto seguiam pelo caminho, o Coelho Branco parou diante de um grande portal luminoso. "Esta é a Porta da Descentralização," disse ele. "Através dela, você entenderá como o Bitcoin opera sem a necessidade de uma autoridade central."

Ao passar pelo portal, Alice encontrou-se em uma praça movimentada onde todos pareciam ocupados com diversas tarefas. Em uma das bancas, um gato com um sorriso enigmático chamou sua atenção. "Olá, Alice. Eu sou o Gato de Cheshire. Deixe-me mostrar-lhe como as transações funcionam aqui."

O Gato de Cheshire pegou dois pequenos cristais brilhantes. "Veja, cada transação de Bitcoin é como uma troca destes cristais. Um cristal representa a chave pública, que todos podem ver. O outro é a chave privada, que é mantida em segredo. Para enviar Bitcoin, você usa sua chave privada para assinar a transação, garantindo que é realmente você que está enviando os fundos."

Alice observou enquanto o Gato demonstrava uma transação. "Então, isso significa que ninguém pode gastar meus Bitcoins sem minha chave privada?" perguntou ela.

"Exatamente," respondeu o Gato. "Essa criptografia é o que mantém suas transações seguras."

Mais adiante, Alice encontrou a Lagarta, que estava sentada em um cogumelo gigante e rodeada por números flutuantes. "Bem-vinda, Alice. Eu sou a Lagarta Cripto. Vamos falar sobre a oferta limitada do Bitcoin," disse ela. "Ao contrário do dinheiro tradicional que pode ser impresso sem limites, apenas 21 milhões de Bitcoins poderão ser criados. Isso evita a inflação desenfreada."

"E como são criados esses Bitcoins?" perguntou Alice.

"Através de um processo chamado mineração," explicou a Lagarta. "Os mineradores usam seus computadores para resolver problemas matemáticos complexos. Quando encontram a solução, são recompensados com novos Bitcoins. Isso também verifica e adiciona novas transações ao blockchain."

Enquanto a Lagarta falava, Alice notou um grupo de pessoas trabalhando em computadores brilhantes. "Esses são os mineradores?" perguntou.

"Sim, e eles são essenciais para a segurança e operação da rede Bitcoin," respondeu a Lagarta. "Sem eles, o sistema não funcionaria."

Continuando sua jornada, Alice encontrou o Chapeleiro Maluco em um café animado. "Olá, Alice! Vamos tomar um chá da descentralização," disse ele, servindo uma xícara de chá que mudava de cor. "Aqui, cada usuário é seu próprio banco. Você não precisa confiar em instituições para manter e transferir seu dinheiro."

Escrito e ilustrado por Danilo Miranda, também conhecido pelo canal no YouTube Danilo Coin.

Alice tomou um gole do chá, sentindo uma mistura de excitação e compreensão. "Mas como posso garantir que minhas transações sejam registradas corretamente?" perguntou ela.

"O blockchain cuida disso," disse o Chapeleiro, piscando. "Cada bloco contém um registro de várias transações e é ligado ao bloco anterior, formando uma cadeia inquebrável. É como um livro de contos onde cada página depende da anterior."

Alice percebeu que o País do Bitcoin era um lugar de inovação e liberdade, onde as regras tradicionais não se aplicavam. "E o que acontece se alguém tentar fraudar o sistema?" perguntou.

"A beleza do Bitcoin está na sua transparência," explicou o Chapeleiro. "Qualquer tentativa de fraude é rapidamente detectada e rejeitada pela rede."

No final do dia, Alice se sentiu iluminada e inspirada. Ela havia aprendido que o Bitcoin não era apenas uma moeda digital, mas uma revolução tecnológica que prometia mudar o mundo das finanças para sempre. "Estou pronta para continuar essa jornada e descobrir mais sobre o potencial do Bitcoin," disse ela, com determinação.

E assim, com um novo entendimento e uma curiosidade insaciável, Alice seguiu adiante, pronta para explorar cada canto do fascinante País do Bitcoin, ansiosa para desvendar todos os seus segredos e possibilidades.

Capítulo 2: O Coelho Branco e a Chave Privada

(Segurança e Criptografia)

Enquanto Alice continuava sua jornada pelo País do Bitcoin, o

Coelho Branco a conduziu por um caminho sinuoso que levava a uma clareira serena. No centro, havia um cofre de cristal flutuante, emitindo uma luz suave. O Coelho Branco se voltou para Alice e disse: "Bem-vinda ao Cofre da Segurança, Alice. Aqui, você aprenderá sobre a chave privada e a importância da criptografia."

Curiosa, Alice observou enquanto o Coelho Branco se aproximava do cofre. "Para entender o Bitcoin, é crucial compreender como a segurança é mantida," começou ele. "Cada usuário do Bitcoin tem duas chaves: uma chave pública e uma chave privada. A chave pública é como seu endereço, onde você pode receber Bitcoins. A chave privada é como a senha que permite gastar esses Bitcoins. É essencial manter a chave privada em segredo."

Para ilustrar, o Coelho Branco pegou dois cristais do cofre. "Este cristal dourado representa a chave privada, e o prateado, a chave pública," explicou. "Quando você envia Bitcoin, você usa sua chave privada para assinar digitalmente a transação. Isso prova à rede que você é o proprietário dos Bitcoins e que tem permissão para gastá-los."

Alice olhou fascinada para os cristais. "E se alguém descobrir minha chave privada?" perguntou.

"O Bitcoin é seguro exatamente porque a chave privada deve ser mantida em segredo," respondeu o Coelho Branco. "Se alguém descobrir sua chave privada, eles podem gastar seus Bitcoins. É como alguém descobrindo a combinação do seu cofre e roubando seu dinheiro."

Eles caminharam até um rio de dados flutuantes, onde Alice viu várias criaturas digitando em computadores luminosos. "Esses são os mineradores?" perguntou Alice.

"Sim, e eles desempenham um papel vital na segurança do Bitcoin," disse o Coelho Branco. "Os mineradores verificam as transações usando suas chaves privadas e públicas. Isso impede que o mesmo Bitcoin seja gasto duas vezes, resolvendo o problema do 'gasto duplo'."

Alice notou uma tartaruga idosa com um sorriso gentil, digitando pacientemente em um teclado. O Coelho Branco apresentou-a: "Esta é a Tartaruga Cripto, uma das mineradoras mais antigas e sábias. Ela pode explicar mais sobre como a criptografia protege as transações."

A Tartaruga Cripto olhou para Alice com olhos brilhantes. "A criptografia é como um código secreto," começou. "Quando você envia uma transação, ela é criptografada usando a chave pública do destinatário. Somente a chave privada do destinatário pode decifrar essa transação, garantindo que somente eles possam acessar os Bitcoins enviados."

Alice ficou impressionada com a complexidade e a elegância do sistema. "Mas como é que a rede verifica todas essas transações?" perguntou.

"Bem, quando uma transação é feita, ela é transmitida a toda a rede," explicou a Tartaruga Cripto. "Os mineradores então competem para resolver um complexo problema matemático. O primeiro a resolver o problema adiciona a transação ao blockchain e é recompensado com novos Bitcoins. Este processo, chamado de mineração, mantém a rede segura e as transações verificadas."

Escrito e ilustrado por Danilo Miranda, também conhecido pelo canal no YouTube Danilo Coin.

Intrigada, Alice quis saber mais sobre como manter sua própria chave privada segura. O Coelho Branco a levou até uma mesa onde vários dispositivos estavam dispostos. "Existem várias maneiras de proteger sua chave privada," disse ele. "Você pode usar uma carteira de hardware, que é um dispositivo físico que armazena sua chave privada offline. Isso é chamado de armazenamento a frio e é uma das formas mais seguras de proteger seus Bitcoins."

A Tartaruga Cripto acrescentou: "Outra opção é a carteira de papel, onde você imprime sua chave privada e a guarda em um local seguro. No entanto, deve-se ter cuidado para não perder ou danificar o papel."

Alice olhou para os dispositivos e papéis na mesa, percebendo a importância da segurança no mundo digital do Bitcoin. "E o que acontece se eu perder minha chave privada?" perguntou, preocupada.

"Infelizmente, se você perder sua chave privada, você perde acesso aos seus Bitcoins para sempre," respondeu o Coelho Branco. "É por isso que é crucial fazer backup de suas chaves e armazená-las em lugares seguros."

Continuando a caminhada, eles chegaram a uma árvore monumental com folhas de cristal. "Esta é a Árvore do Conhecimento Cripto," disse o Coelho Branco. "Ela contém sabedoria sobre como se proteger de ameaças digitais."

De repente, uma voz suave surgiu das folhas. Era a voz da Árvore: "No mundo do Bitcoin, é essencial estar vigilante contra malware e ataques de phishing. Sempre use softwares confiáveis e mantenha seus dispositivos protegidos."

Alice assentiu, absorvendo toda a informação. "Entendi, a chave privada é a essência da minha segurança no mundo do Bitcoin. Devo protegê-la a todo custo."

"Exatamente," disse o Coelho Branco. "Lembre-se sempre: com grande poder vem grande responsabilidade. No País do Bitcoin, a segurança está em suas mãos."

Agradecida, Alice sentiu-se mais confiante e preparada para continuar sua aventura. Ela agora sabia que, para navegar com segurança no mundo do Bitcoin, precisava proteger sua chave privada com a mesma diligência com que protegeria um tesouro precioso.

E assim, com um novo entendimento sobre segurança e criptografia, Alice continuou sua jornada, ansiosa para descobrir mais sobre o fascinante País do Bitcoin, onde a tecnologia e a liberdade andavam de mãos dadas, criando um mundo repleto de possibilidades e maravilhas digitais.

Capítulo 3: O Chá da Descentralização

(Benefícios do Bitcoin)

Alice seguiu o Coelho Branco por um caminho sinuoso, coberto por árvores cujas folhas eram feitas de números e símbolos. O ar estava

repleto de um zumbido suave de transações sendo confirmadas e adicionadas ao blockchain. Logo, chegaram a uma clareira onde uma mesa longa e extravagante estava posta para um chá. Sentados à mesa, estavam o Chapeleiro Maluco e a Lebre de Março, ambos ocupados com uma coleção de dispositivos brilhantes.

"Bem-vinda ao Chá da Descentralização, Alice!" exclamou o Chapeleiro Maluco, ajustando seu chapéu peculiar. "Aqui, aprenderemos sobre os incríveis benefícios do Bitcoin."

A Lebre de Março, sempre animada, acenou para Alice se juntar a eles. "Sente-se, sente-se! Temos muito a discutir e chá suficiente para todos."

Alice se acomodou em uma cadeira entre o Chapeleiro Maluco e a Lebre de Março. O Chapeleiro começou a servir o chá, que mudava de cor conforme era derramado nas xícaras. "O Bitcoin é maravilhoso por muitas razões, Alice," disse ele.

"Vamos começar com a descentralização. Diferente do dinheiro tradicional, o Bitcoin não é controlado por nenhum governo ou banco central. Isso significa que ninguém pode manipular seu valor ou censurar suas transações."

Alice tomou um gole do chá, que tinha um sabor surpreendentemente doce. "Como isso beneficia as pessoas comuns?" perguntou.

A Lebre de Março pegou um biscoito em forma de bloco de dados e respondeu: "A descentralização dá poder às pessoas, Alice. Imagine viver em um país onde o governo controla todas as suas finanças e pode congelar suas contas a qualquer momento. Com o Bitcoin, você tem controle total sobre seu dinheiro. Ninguém pode tirá-lo de você ou impedir que você o use como quiser."

O Chapeleiro Maluco acrescentou: "Além disso, as transações com Bitcoin são rápidas e baratas.

Não importa se você está enviando dinheiro para alguém na mesma cidade ou do outro lado do mundo. Com o Bitcoin, as transferências são praticamente instantâneas e os custos são muito menores do que os das transferências bancárias tradicionais."

Enquanto Alice pensava sobre isso, o Coelho Branco trouxe um livro de registros antigos e o abriu. "Veja, Alice, as transações tradicionais muitas vezes dependem de intermediários como bancos e empresas de cartão de crédito. Esses intermediários cobram taxas e podem atrasar as transferências.

No entanto, com o Bitcoin, não há intermediários. As transações são verificadas pela rede de mineradores, tornando o processo mais eficiente."

Alice estava intrigada. "Então, isso significa que o Bitcoin pode ajudar pequenos negócios e pessoas em países em desenvolvimento?"

"Exatamente!" exclamou a Lebre de Março, animada. "Pequenos negócios podem aceitar pagamentos em Bitcoin sem pagar altas taxas às empresas de cartão de crédito. Isso é especialmente útil para comerciantes com margens de lucro apertadas. Além disso, pessoas em países em desenvolvimento podem acessar serviços financeiros que de outra forma seriam inacessíveis para elas."

O Chapeleiro Maluco sorriu e disse: "E não nos esqueçamos dos micropagamentos. Com o Bitcoin, é possível fazer transações de valores muito pequenos, algo que seria inviável com os sistemas de pagamento tradicionais. Isso abre um mundo de possibilidades para novos modelos de negócios e inovações."

Alice olhou ao redor, vendo uma diversidade de personagens digitais, cada um usando o Bitcoin de maneiras diferentes. "Isso é realmente revolucionário," disse ela. "Mas e quanto à privacidade? Ouvi dizer que o Bitcoin pode ser usado anonimamente."

O Coelho Branco explicou: "O Bitcoin oferece um nível de privacidade superior ao dos sistemas tradicionais, mas não é completamente anônimo. As transações são registradas no blockchain, que é público.

No entanto, os endereços de Bitcoin são pseudônimos. Isso significa que, enquanto sua identidade não estiver diretamente associada ao seu endereço, suas transações podem ser feitas com um certo grau de privacidade."

A Lebre de Março levantou-se e gesticulou para um grande mapa do mundo pendurado em uma árvore próxima. "O Bitcoin também pode ajudar pessoas que vivem sob regimes opressivos," disse ela. "Em muitos lugares, os governos controlam rigidamente o fluxo de dinheiro e podem confiscar os bens dos cidadãos. O Bitcoin oferece uma maneira de armazenar e transferir riqueza sem a interferência do governo."

Alice assentiu, começando a ver o quadro completo. "Parece que o Bitcoin tem o potencial de mudar muitas coisas para melhor," disse ela.

"Certamente," concordou o Chapeleiro Maluco. "Ele promove a liberdade econômica e a inclusão financeira. As pessoas podem participar da economia global de maneira mais igualitária. Além disso, a inovação não para. O Bitcoin é apenas o começo. Novas tecnologias e aplicações estão sendo desenvolvidas sobre a base do Bitcoin, como contratos inteligentes e propriedade digital."

Alice estava encantada com todas as possibilidades. "E o que podemos esperar para o futuro?" perguntou.

Escrito e ilustrado por Danilo Miranda, também conhecido pelo canal no YouTube Danilo Coin.

O Coelho Branco sorriu. "O futuro do Bitcoin é brilhante, Alice. Com mais pessoas adotando e compreendendo seus benefícios, ele tem o potencial de se tornar uma parte importante do sistema financeiro global. E você, com seu conhecimento recém-adquirido, pode ser uma defensora dessa revolução."

Com isso, Alice se sentiu inspirada e pronta para continuar sua exploração no País do Bitcoin. Ela sabia que havia muito mais a descobrir e que cada passo a levaria a entender melhor como essa tecnologia poderia transformar o mundo.

E assim, com o coração cheio de entusiasmo e a mente aberta para novas ideias, Alice se levantou da mesa de chá, pronta para sua próxima aventura.

O País do Bitcoin ainda tinha muitos segredos a serem revelados, e ela estava determinada a explorar cada um deles, sabendo que estava no caminho para se tornar uma verdadeira cidadã do mundo digital.

Capítulo 4: A Rainha de Copas e os Desafios da Regulação

(Desafios e Regulação)

Alice continuava sua jornada pelo País do Bitcoin quando o Coelho Branco a conduziu a um majestoso castelo feito de cartas. No alto  trono, com um olhar severo e autoritário, estava a Rainha de Copas. "Bem-vinda ao meu domínio, Alice," disse a Rainha. "Aqui, lidamos com os desafios da regulação do Bitcoin."

Alice se aproximou, um pouco apreensiva. "O que significa regulação, majestade?" perguntou.

A Rainha de Copas se levantou e começou a caminhar pelo salão. "Regulação, minha cara, é o conjunto de regras e leis que os governos impõem para controlar e supervisionar as atividades financeiras. No caso do Bitcoin, a regulação visa proteger os usuários, prevenir crimes e garantir a estabilidade econômica. No entanto, essas regras podem ser um grande desafio."

O Coelho Branco interveio. "A Rainha de Copas tem razão, Alice. Embora a regulação possa trazer benefícios, como a proteção contra fraudes, ela também pode sufocar a inovação e limitar a liberdade que o Bitcoin proporciona."

A Rainha de Copas acenou e continuou: "Os governos temem o desconhecido, e o Bitcoin, sendo uma tecnologia nova e disruptiva, causa muita preocupação. Eles temem que ele seja usado para atividades ilegais, como lavagem de dinheiro e financiamento do terrorismo."

Alice, curiosa, perguntou: "Mas o Bitcoin não é transparente? As transações não são registradas no blockchain?"

"Sim," respondeu a Rainha de Copas, "mas a pseudonimidade das transações torna difícil rastrear a identidade dos usuários. Isso pode ser tanto uma vantagem quanto uma desvantagem. Por um lado, protege a privacidade. Por outro, dificulta a aplicação da lei."

O Coelho Branco mostrou a Alice um gráfico flutuante. "Veja, Alice, este gráfico mostra os países que adotaram diferentes abordagens para regular o Bitcoin. Alguns, como o Japão, abraçaram a inovação e criaram regulações claras que permitem o uso seguro do Bitcoin. Outros, como a China, impuseram restrições severas para controlar seu uso."

A Rainha de Copas suspirou. "A chave, Alice, é encontrar um equilíbrio. Reguladores precisam proteger os consumidores sem sufocar a inovação.

No entanto, muitos governos ainda estão tentando entender como o Bitcoin funciona e quais são suas implicações."

Alice refletiu por um momento. "E como os reguladores estão abordando esses desafios?"

"De várias maneiras," respondeu a Rainha de Copas. "Alguns países estão estabelecendo licenças para empresas que operam com criptomoedas, exigindo que cumpram certas normas de segurança e transparência. Outros estão focando em educar o público sobre os riscos e benefícios do Bitcoin."

O Coelho Branco adicionou: "A cooperação internacional também é crucial. Como o Bitcoin é uma moeda global, é importante que os países trabalhem juntos para desenvolver padrões comuns e combater o uso ilícito."

Alice estava começando a entender a complexidade da situação. "Então, a regulação pode ser tanto uma ajuda quanto um obstáculo?"

"Exatamente," disse a Rainha de Copas. "Regulação bem-feita pode proteger os consumidores e incentivar a adoção do Bitcoin. Mas regulação excessiva ou mal planejada pode impedir o desenvolvimento de novas tecnologias e limitar os benefícios que o Bitcoin pode trazer."

Escrito e ilustrado por Danilo Miranda, também conhecido pelo canal no YouTube Danilo Coin.

A Rainha de Copas então conduziu Alice a um grande espelho no centro do salão. "Veja, Alice, este espelho mostra os reflexos do futuro. Ele nos revela os potenciais caminhos que o Bitcoin pode seguir dependendo das decisões regulatórias que forem tomadas."

Alice olhou no espelho e viu dois futuros possíveis. No primeiro, o Bitcoin florescia, integrado em economias ao redor do mundo, com usuários seguros e reguladores colaborando para criar um ambiente próspero. No segundo, o Bitcoin era restringido, com muitas inovações bloqueadas por regulações rígidas, limitando seu impacto positivo.

"Depende de nós escolhermos o caminho certo," disse a Rainha de Copas. "E isso exige sabedoria, paciência e cooperação."

O Coelho Branco sorriu para Alice. "Com a educação e o entendimento, tanto dos reguladores quanto dos usuários, podemos alcançar um futuro onde o Bitcoin traga liberdade e prosperidade para todos."

Alice sentiu-se inspirada. Ela compreendeu que o caminho do Bitcoin não seria fácil, mas estava determinada a aprender mais e contribuir para um futuro onde a tecnologia pudesse beneficiar a todos de maneira justa e segura.

"Obrigada, majestade," disse Alice, curvando-se diante da Rainha de Copas. "Agora entendo que a regulação é um desafio, mas também uma oportunidade para fazer do Bitcoin algo realmente transformador."

Escrito e ilustrado por Danilo Miranda, também conhecido pelo canal no YouTube Danilo Coin.

A Rainha de Copas sorriu. "Vá em frente, Alice. Continue sua jornada pelo País do Bitcoin. Há muito mais a descobrir e a aprender."

Com isso, Alice deixou o castelo de cartas, sentindo-se mais preparada para os desafios à frente. Ela sabia que a jornada estava apenas começando e que a compreensão dos desafios da regulação seria crucial para o futuro do Bitcoin. Determinada e curiosa, ela seguiu adiante, pronta para explorar os próximos capítulos desta aventura fascinante.

Escrito e ilustrado por Danilo Miranda, também conhecido pelo canal no YouTube Danilo Coin.

Capítulo 5: O Gato de Cheshire e a Anonimidade

(Privacidade e Anonimidade)

Depois de sair do castelo da Rainha de Copas, Alice continuou sua jornada pelo País do Bitcoin, ansiosa para aprender mais. Foi então

que ela viu, em uma árvore alta e antiga, o Gato de Cheshire sentado em um galho, seu sorriso enigmático brilhando na penumbra.

"Bem-vinda, Alice," disse o Gato de Cheshire. "Hoje, vamos explorar os mistérios da privacidade e anonimidade no mundo do Bitcoin."

Alice sorriu de volta, curiosa para saber mais. "Privacidade e anonimidade? Isso soa interessante. Como o Bitcoin garante isso?"

O Gato de Cheshire inclinou a cabeça e começou a explicar. "No mundo do Bitcoin, cada transação é registrada publicamente no blockchain, mas sem revelar diretamente a identidade dos usuários. Cada usuário possui um par de chaves criptográficas: uma chave pública e uma chave privada. A chave pública é como um endereço, e a chave privada é como uma senha secreta."

Alice lembrou-se do que havia aprendido antes. "Então, quando alguém faz uma transação, ela é assinada com a chave privada e registrada com a chave pública?"

"Exatamente," respondeu o Gato de Cheshire, seus olhos brilhando. "Isso oferece um certo nível de anonimidade, pois as transações são pseudônimas. Em vez de nomes reais, vemos endereços de Bitcoin. Mas lembre-se, isso não é o mesmo que anonimato total."

"Como assim?" perguntou Alice, intrigada.

"Veja bem," continuou o Gato, "embora as transações não mostrem nomes reais, se alguém descobrir que um endereço pertence a você, eles podem rastrear todas as suas transações passadas e futuras. Por isso, o Bitcoin é considerado pseudônimo, não anônimo."

Alice ponderou sobre isso. "Então, como as pessoas podem proteger sua privacidade?"

O Gato de Cheshire saltou para um galho mais baixo, ficando mais próximo de Alice. "Existem várias técnicas," disse ele. "Uma delas é usar um novo endereço de Bitcoin para cada transação. Isso torna mais difícil para alguém conectar diferentes transações a uma única pessoa. Outra técnica é usar serviços de mixagem, que combinam transações de muitos usuários, embaralhando os endereços para ofuscar quem enviou o quê para quem."

Alice estava fascinada. "E o que são esses serviços de mixagem?"

"Ora, são como festas de máscaras," explicou o Gato de Cheshire com um sorriso largo. "Todos entram com máscaras diferentes, trocam de lugar várias vezes e depois saem com diferentes máscaras. Dessa forma, fica muito difícil rastrear quem é quem."

"Mas isso não poderia ser usado para atividades ilegais?" perguntou Alice, preocupada.

"Sim," admitiu o Gato, "é por isso que a privacidade no Bitcoin é um tópico controverso. A maioria das pessoas deseja privacidade para proteger suas transações legítimas, mas há aqueles que podem abusar dessa privacidade para fins nefastos. É um equilíbrio delicado."

Alice refletiu sobre isso. "E quanto aos reguladores? Como eles veem essa questão da anonimidade?"

O Gato de Cheshire suspirou. "Os reguladores estão em uma posição difícil. Eles querem prevenir crimes como lavagem de dinheiro e financiamento do terrorismo, mas ao mesmo tempo, não querem sufocar a inovação ou invadir a privacidade dos cidadãos comuns. Por isso, muitas vezes, eles impõem regulamentos que exigem que as exchanges de Bitcoin coletem informações dos usuários, como a verificação de identidade, conhecida como KYC, ou 'Conheça Seu Cliente'."

"Então, mesmo que o Bitcoin ofereça um certo grau de anonimidade, ainda pode ser regulado?" perguntou Alice.

"Sim, e isso é essencial para a aceitação geral do Bitcoin," disse o Gato de Cheshire. "Para que o Bitcoin seja amplamente adotado e usado de forma segura, é necessário um equilíbrio entre privacidade e transparência."

Alice olhou ao redor, vendo o mundo vibrante do País do Bitcoin com novos olhos. "Entendi. A privacidade é importante, mas deve ser equilibrada com a necessidade de segurança e conformidade legal."

"Exatamente," disse o Gato de Cheshire, desaparecendo gradualmente, deixando apenas seu sorriso flutuando no ar. "Lembre-se, Alice, a verdadeira magia do Bitcoin está na escolha. Você tem o poder de decidir como proteger sua privacidade e como usar essa incrível tecnologia."

Com isso, o sorriso do Gato desapareceu completamente, e Alice ficou sozinha novamente, mas com uma nova compreensão sobre a complexa relação entre privacidade, anonimidade e regulamentação no mundo do Bitcoin.

Ela continuou sua jornada, pronta para enfrentar os próximos desafios e aprender ainda mais sobre o fascinante e multifacetado País do Bitcoin. Sabia que a chave para entender esse mundo era equilibrar as necessidades de privacidade com a responsabilidade e a conformidade, sempre buscando o caminho da sabedoria e do discernimento.

Escrito e ilustrado por Danilo Miranda, também conhecido pelo canal no YouTube Danilo Coin.

Capítulo 6: A Lagarta e a Evolução do Dinheiro

(História do Dinheiro e do Bitcoin)

Após sua conversa com o Gato de Cheshire, Alice continuou sua jornada pelo País do Bitcoin. Enquanto caminhava, encontrou uma

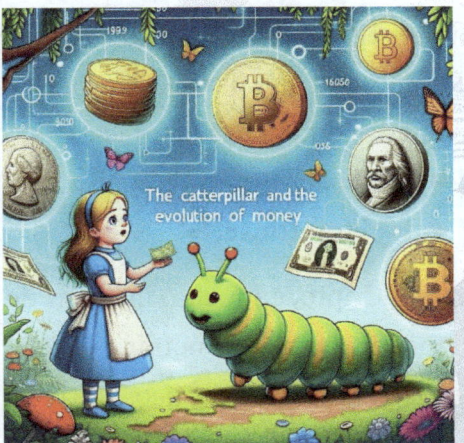

lagarta azul sentada em um cogumelo gigante, rodeada por um nevoeiro de fumaça perfumada. "Bem-vinda, Alice," disse a Lagarta, com uma voz lenta e profunda. "Eu sou a Lagarta Cripto. Hoje, vamos falar sobre a evolução do dinheiro e como o Bitcoin se encaixa nessa história."

Alice sentou-se em um cogumelo próximo, curiosa para aprender mais. "A evolução do dinheiro? Parece fascinante. Por onde começamos?"

A Lagarta Cripto soltou uma nuvem de fumaça em forma de moedas antigas. "Tudo começou com o escambo, Alice. Antes de existirem moedas, as pessoas trocavam bens e serviços diretamente. No entanto, o escambo tem suas limitações. É difícil encontrar alguém que queira exatamente o que você tem e que tenha exatamente o que você quer."

Alice assentiu. "Então, como as pessoas resolveram esse problema?"

A Lagarta Cripto sorriu e fez um gesto com sua antena, criando uma imagem de conchas brilhantes. "As sociedades antigas começaram a usar mercadorias como meio de troca, coisas que todos consideravam valiosas e úteis, como conchas, sal e gado. Isso facilitou as trocas, mas esses itens ainda tinham problemas, como serem difíceis de transportar ou armazenar."

"Então vieram as moedas," continuou a Lagarta, mostrando imagens de moedas de ouro e prata. "Moedas feitas de metais preciosos resolveram muitos desses problemas. Elas eram duráveis, fáceis de transportar e divididas em unidades padrão. O ouro e a prata se tornaram amplamente aceitos por seu valor intrínseco."

"Mas não parou por aí," disse a Lagarta Cripto, enquanto imagens de notas de papel flutuavam no ar. "À medida que as economias cresceram, surgiu a necessidade de algo ainda mais prático. O papel-moeda foi introduzido, representando uma promessa de pagamento em ouro ou prata. Isso marcou o início das moedas fiduciárias, onde o valor é garantido pelo governo que as emite, em vez de por um bem físico."

Alice olhou fascinada para as imagens flutuantes. "E o que aconteceu depois?"

"A evolução continuou," disse a Lagarta Cripto. "Com o tempo, os governos se afastaram do padrão-ouro e as moedas se tornaram totalmente fiduciárias. Isso deu aos governos mais controle sobre a economia, mas também levou a novos problemas, como a inflação.

Escrito e ilustrado por Danilo Miranda, também conhecido pelo canal no YouTube Danilo Coin.

A capacidade de imprimir dinheiro sem limites muitas vezes resultou na depreciação das moedas."

"Foi nesse contexto que surgiu o Bitcoin," disse a Lagarta, agora mostrando uma imagem de um bloco de dados brilhante. "Em 2008, após a crise financeira global, um indivíduo ou grupo sob o pseudônimo de Satoshi Nakamoto apresentou o Bitcoin como uma alternativa ao sistema financeiro tradicional. O Bitcoin foi criado para ser uma forma de dinheiro digital descentralizado, sem a necessidade de um banco central ou intermediários."

Alice perguntou, "O que torna o Bitcoin tão especial em comparação com as moedas tradicionais?"

"A principal inovação do Bitcoin é a tecnologia blockchain," explicou a Lagarta Cripto. "O blockchain é um livro-razão público e distribuído, onde todas as transações são registradas de forma segura e transparente. Isso elimina a necessidade de intermediários e permite que as transações ocorram de forma direta entre os usuários."

A Lagarta continuou, "Além disso, o Bitcoin tem uma oferta limitada. Apenas 21 milhões de Bitcoins podem ser criados, o que o torna resistente à inflação. A mineração de Bitcoin, o processo pelo qual novos Bitcoins são criados, é projetada para se tornar mais difícil com o tempo, imitando a extração de recursos naturais como o ouro."

Alice refletiu sobre tudo o que havia aprendido. "Então, o Bitcoin combina os melhores aspectos do dinheiro ao longo da história, mas também resolve alguns dos problemas que surgiram?"

"Exatamente," disse a Lagarta Cripto. "O Bitcoin oferece uma nova forma de dinheiro que é segura, descentralizada e resistente à inflação. Ele é a próxima etapa na evolução do dinheiro, adaptando-se às necessidades da era digital."

Alice sentiu-se iluminada. "Agora entendo melhor como o Bitcoin se encaixa na longa história do dinheiro. Ele é uma resposta moderna aos desafios antigos."

A Lagarta Cripto assentiu, satisfeita. "Muito bem, Alice. Você está começando a ver a imagem completa. A evolução do dinheiro é uma história de inovação contínua, e o Bitcoin é apenas o capítulo mais recente."

Com um aceno de despedida da Lagarta Cripto, Alice se levantou do cogumelo, pronta para continuar sua jornada pelo País do Bitcoin. Ela sabia que havia ainda mais a descobrir sobre esta tecnologia revolucionária e como ela poderia moldar o futuro do dinheiro e das finanças.

Com determinação renovada, Alice seguiu adiante, ciente de que estava no caminho para se tornar uma verdadeira conhecedora do mundo do Bitcoin, pronta para explorar e entender cada vez mais sobre essa fascinante evolução.

Capítulo 7: O País das Maravilhas Econômicas

(Teoria Econômica do Bitcoin)

Alice continuou sua exploração pelo País do Bitcoin, encontrando-se em uma paisagem vibrante e dinâmica. Campos de números flutuavam no ar, enquanto gráficos e diagramas dançavam sobre colinas ondulantes. À distância, Alice avistou uma torre de cristal onde economistas e filósofos discutiam animadamente. Ao se aproximar, foi recebida por um elegante senhor com um terno impecável e uma aura de sabedoria.

"Bem-vinda ao País das Maravilhas Econômicas, Alice," disse ele. "Eu sou Ludwig, e hoje vamos explorar a teoria econômica do Bitcoin."

Alice estava ansiosa para aprender mais. "Por onde começamos, Ludwig?"

Ludwig sorriu e começou a explicar. "Vamos começar com o conceito básico de dinheiro. Dinheiro tem três funções principais: meio de troca, unidade de conta e reserva de valor.

Escrito e ilustrado por Danilo Miranda, também conhecido pelo canal no YouTube Danilo Coin.

O Bitcoin, como uma nova forma de dinheiro digital, desempenha essas funções de maneiras inovadoras."

Ele gesticulou para um gráfico flutuante que mostrava a evolução das moedas. "Historicamente, o dinheiro evoluiu de mercadorias como o sal e o gado, para metais preciosos como ouro e prata, e finalmente para moedas fiduciárias controladas por governos. O Bitcoin representa a próxima etapa dessa evolução, como uma moeda descentralizada e digital."

Alice observou o gráfico com interesse. "Então, o que faz do Bitcoin um bom meio de troca?"

"Excelente pergunta, Alice," disse Ludwig. "Como meio de troca, o Bitcoin permite transações diretas entre partes, sem a necessidade de intermediários como bancos. Isso reduz custos de transação e acelera o processo, especialmente em transações internacionais. Além disso, a divisibilidade do Bitcoin permite micropagamentos, algo difícil com as moedas tradicionais."

Alice estava impressionada. "E como ele funciona como unidade de conta?"

Ludwig explicou, "Como unidade de conta, o Bitcoin é usado para precificar bens e serviços. À medida que sua adoção aumenta, mais comerciantes e consumidores começam a usar o Bitcoin para definir preços, o que ajuda a estabilizar seu valor. No entanto, devido à sua volatilidade, ainda não é amplamente usado como unidade de conta em comparação com moedas tradicionais."

Alice assentiu, entendendo a complexidade. "E como o Bitcoin é uma reserva de valor?"

"O Bitcoin é considerado uma reserva de valor devido à sua oferta limitada," disse Ludwig. "Apenas 21 milhões de Bitcoins podem ser criados, o que o torna deflacionário por natureza. Isso contrasta com as moedas fiduciárias, que podem ser inflacionadas pelos governos. As pessoas veem o Bitcoin como um 'ouro digital' porque ele pode manter e potencialmente aumentar seu valor ao longo do tempo."

Ele apontou para um diagrama que mostrava a oferta e demanda de Bitcoin. "A oferta fixa e a crescente demanda contribuem para a valorização do Bitcoin. No entanto, a volatilidade é um desafio. À medida que mais pessoas adotam o Bitcoin e a infraestrutura ao redor dele se desenvolve, espera-se que a volatilidade diminua."

Alice pensou por um momento. "Mas como a teoria econômica explica a aceitação do Bitcoin?"

"Isso nos leva à teoria da utilidade marginal," disse Ludwig. "O valor do Bitcoin, como qualquer outra moeda, é determinado pelo valor subjetivo que as pessoas atribuem a ele. Quanto mais pessoas acreditam na utilidade e no potencial do Bitcoin, mais valioso ele se torna. Essa é uma aplicação direta da teoria da utilidade marginal."

Ele continuou, "Além disso, a teoria dos jogos desempenha um papel. A rede Bitcoin depende da cooperação de muitos participantes, como mineradores e desenvolvedores.

Esses agentes têm incentivos econômicos para manter a rede segura e funcional. O equilíbrio entre cooperação e competição é crucial para o sucesso do Bitcoin."

Alice olhou para os gráficos e diagramas com novos olhos. "Então, o Bitcoin é sustentado por uma combinação de teorias econômicas e incentivos?"

"Exatamente," respondeu Ludwig. "O Bitcoin é um exemplo fascinante de como princípios econômicos clássicos podem ser aplicados a uma nova tecnologia. Ele combina escassez, utilidade marginal, teoria dos jogos e muitas outras ideias em um sistema coeso e inovador."

Alice estava impressionada com a profundidade do conhecimento. "E quais são os desafios econômicos que o Bitcoin enfrenta?"

Ludwig suspirou. "Os principais desafios incluem a volatilidade de preços, a escalabilidade da rede para suportar um número crescente de transações e a necessidade de maior adoção e compreensão pública. No entanto, a inovação contínua e o desenvolvimento tecnológico estão constantemente abordando esses desafios."

Alice sentiu-se inspirada. "Então, o futuro do Bitcoin depende de superar esses desafios e continuar evoluindo economicamente?"

"Isso mesmo," disse Ludwig. "O Bitcoin tem o potencial de transformar a economia global, mas seu sucesso dependerá da colaboração entre tecnólogos, economistas e a sociedade em geral."

Com uma nova compreensão da teoria econômica do Bitcoin, Alice se sentiu mais preparada para sua jornada. Ela agradeceu a Ludwig e continuou sua exploração pelo País das Maravilhas Econômicas, pronta para descobrir mais sobre as infinitas possibilidades do mundo do Bitcoin.

Determinada e curiosa, Alice seguiu adiante, sabendo que cada passo a levaria a um entendimento mais profundo e a novas aventuras no fascinante e sempre surpreendente País do Bitcoin.

Escrito e ilustrado por Danilo Miranda, também conhecido pelo canal no YouTube Danilo Coin.

Capítulo 8: O Tabuleiro de Xadrez das Transações

(Mineração e Blockchain)

Alice prosseguiu sua jornada pelo País do Bitcoin, até que chegou a um grande campo aberto, onde um gigantesco tabuleiro de xadrez se estendia diante dela. As peças de xadrez eram feitas de cristal reluzente, e cada movimento parecia criar uma sinfonia de dados e números. No centro do tabuleiro, Alice encontrou um cavaleiro vestido com uma armadura de números binários.

"Bem-vinda ao Tabuleiro de Xadrez das Transações, Alice," disse o Cavaleiro Binário. "Hoje, vamos aprender sobre a mineração de Bitcoin e o blockchain."

Alice observou o tabuleiro fascinada. "Mineração e blockchain? Como eles funcionam?"

O Cavaleiro Binário sorriu e começou a explicar. "Vamos começar com o blockchain. Pense nele como um grande livro-razão público, onde todas as transações de Bitcoin são registradas de forma transparente e segura. Cada transação é agrupada em um 'bloco', e cada bloco é ligado ao anterior, formando uma cadeia – a blockchain."

Escrito e ilustrado por Danilo Miranda, também conhecido pelo canal no YouTube Danilo Coin.

Alice assentiu, intrigada. "E o que mantém o blockchain seguro?"

"Excelente pergunta," disse o Cavaleiro Binário. "A segurança do blockchain é garantida por um processo chamado mineração. Os mineradores são como os guardiões do tabuleiro de xadrez. Eles usam computadores poderosos para resolver complexos problemas matemáticos que verificam e validam as transações. Quando um minerador resolve o problema, ele adiciona um novo bloco à cadeia e é recompensado com novos Bitcoins."

Alice olhou para as peças de xadrez, que agora se moviam sozinhas, representando transações sendo processadas. "Então, a mineração é essencial para manter o sistema funcionando?"

"Sim, exatamente," respondeu o Cavaleiro Binário. "Sem os mineradores, não haveria ninguém para verificar as transações e garantir que o mesmo Bitcoin não fosse gasto duas vezes. Este processo de verificação é o que torna o Bitcoin seguro e confiável."

Ele gesticulou para uma torre de cristal que se erguia ao lado do tabuleiro. "A torre representa a dificuldade da mineração. À medida que mais mineradores se juntam à rede, a dificuldade dos problemas matemáticos aumenta, garantindo que novos Bitcoins sejam criados a uma taxa constante e previsível."

Alice observou a torre com admiração. "Então, a mineração se torna mais difícil com o tempo?"

"Isso mesmo," disse o Cavaleiro Binário. "A dificuldade se ajusta automaticamente para manter a criação de novos blocos e Bitcoins estável, aproximadamente a cada dez minutos. Isso imita a escassez dos recursos naturais, como o ouro."

Alice pensou por um momento. "E o que acontece quando todos os 21 milhões de Bitcoins forem minerados?"

O Cavaleiro Binário explicou, "Quando todos os Bitcoins forem minerados, os mineradores não receberão mais novos Bitcoins como recompensa. Em vez disso, eles serão incentivados pelas taxas de transação pagas pelos usuários. Essas taxas são pequenas quantias de Bitcoin que os usuários pagam para que suas transações sejam processadas e incluídas no próximo bloco."

Alice refletiu sobre isso. "Então, a mineração sempre será necessária para manter o blockchain funcionando?"

"Exatamente," confirmou o Cavaleiro Binário. "A mineração é crucial para a segurança e operação contínua do Bitcoin. Sem ela, o sistema seria vulnerável a ataques e fraudes."

Enquanto Alice assimilava essas informações, ela observou as peças de xadrez se movendo de forma harmoniosa e ordenada. "Então, o blockchain e a mineração são como um jogo de xadrez, onde cada movimento deve ser preciso e estratégico para manter o sistema em funcionamento."

Escrito e ilustrado por Danilo Miranda, também conhecido pelo canal no YouTube Danilo Coin.

O Cavaleiro Binário sorriu. "Você entendeu perfeitamente, Alice. O tabuleiro de xadrez representa o equilíbrio e a ordem que a mineração e o blockchain trazem ao mundo do Bitcoin. Cada movimento, cada transação, é uma peça no grande jogo da economia digital."

Alice estava fascinada com a complexidade e a elegância do sistema. "Isso é realmente incrível. E o que mais eu preciso saber sobre o blockchain e a mineração?"

"O blockchain também é imutável," disse o Cavaleiro Binário. "Uma vez que um bloco é adicionado à cadeia, ele não pode ser alterado. Isso garante a integridade das transações e torna o sistema resistente a fraudes. Além disso, o blockchain é descentralizado, o que significa que não há um ponto único de falha. A rede de mineradores espalhada pelo mundo garante a segurança e a estabilidade do sistema."

Alice sorriu, sentindo-se mais esclarecida. "Então, o blockchain e a mineração são os pilares que sustentam o Bitcoin, garantindo sua segurança, transparência e descentralização."

"Exatamente," respondeu o Cavaleiro Binário. "Eles são fundamentais para o funcionamento do Bitcoin e para a confiança que as pessoas têm nele como uma moeda digital."

Com uma nova compreensão da importância do blockchain e da mineração, Alice se sentiu mais preparada para continuar sua aventura no País do Bitcoin.

Ela agradeceu ao Cavaleiro Binário e deixou o tabuleiro de xadrez, pronta para explorar os próximos mistérios e maravilhas deste fascinante mundo digital.

Determinada e curiosa, Alice seguiu em frente, sabendo que cada novo aprendizado a aproximava mais de se tornar uma verdadeira conhecedora do universo do Bitcoin. O País do Bitcoin ainda tinha muitos segredos a serem revelados, e Alice estava ansiosa para descobrir cada um deles.

Escrito e ilustrado por Danilo Miranda, também conhecido pelo canal no YouTube Danilo Coin.

Capítulo 9: As Cartas de Crédito

(Comparação com Sistemas Tradicionais)

Alice continuou sua jornada pelo País do Bitcoin, chegando a uma cidade encantadora onde cada edifício parecia feito de cartões de crédito gigantes. Nas ruas, as pessoas usavam cartões para pagar por tudo, desde alimentos até transporte. Curiosa sobre como o Bitcoin se comparava aos sistemas tradicionais, Alice entrou em um café onde as mesas eram decoradas com cartas de baralho brilhantes.

Sentada em uma dessas mesas estava a Rainha de Copas, que a cumprimentou com um sorriso. "Bem-vinda, Alice. Hoje, vamos comparar o Bitcoin com os sistemas financeiros tradicionais representados por estas cartas de crédito."

Alice se sentou, ansiosa para aprender mais. "Por onde começamos, majestade?"

A Rainha de Copas gesticulou para uma carta de crédito dourada. "Vamos começar com os cartões de crédito. Eles são convenientes e amplamente aceitos, permitindo que as pessoas façam compras e paguem por serviços facilmente. No entanto, eles vêm com taxas altas e riscos de segurança, como fraudes e roubo de identidade."

Alice pensou por um momento. "E como o Bitcoin difere nisso?"

"Excelente pergunta," disse a Rainha de Copas. "O Bitcoin permite transações diretas entre pessoas sem a necessidade de intermediários, como bancos ou empresas de cartão de crédito. Isso reduz as taxas de transação e elimina o risco de estornos fraudulentos, onde compradores pedem reembolsos falsos após receberem os produtos."

Ela continuou, "Além disso, o Bitcoin oferece uma maior privacidade. Enquanto as transações com cartões de crédito exigem que você forneça muitas informações pessoais, as transações com Bitcoin são pseudônimas. Isso significa que você não precisa compartilhar sua identidade para fazer uma compra."

Alice estava intrigada. "Então, o Bitcoin é mais seguro nesse sentido?"

"Sim," respondeu a Rainha de Copas. "Mas segurança vem em várias formas. Embora o Bitcoin proteja contra fraudes de estorno, ele exige que os usuários protejam suas chaves privadas. Se alguém obtiver acesso à sua chave privada, pode roubar seus Bitcoins. Isso é diferente de um cartão de crédito, onde você pode contestar transações não autorizadas."

A Rainha de Copas apontou para uma carta de crédito prateada. "Outra diferença importante é a questão da descentralização. Os cartões de crédito e bancos centrais são controlados por instituições financeiras.

Isso significa que suas transações podem ser monitoradas, censuradas ou bloqueadas. O Bitcoin, por outro lado, é descentralizado. Nenhuma entidade única controla a rede, tornando-a resistente à censura."

Alice olhou ao redor do café, onde os clientes usavam uma combinação de cartões de crédito e carteiras digitais. "E quanto à acessibilidade? Muitas pessoas em países em desenvolvimento não têm acesso a bancos. O Bitcoin pode ajudar nisso?"

"Sim," disse a Rainha de Copas, sorrindo. "O Bitcoin pode ser acessado por qualquer pessoa com uma conexão à internet, independentemente de onde esteja. Isso oferece uma oportunidade para bilhões de pessoas não bancarizadas participarem da economia global, algo que os sistemas tradicionais muitas vezes não conseguem proporcionar."

Alice estava impressionada com as vantagens do Bitcoin. "E quanto às desvantagens?"

"Boa pergunta," respondeu a Rainha de Copas. "O Bitcoin ainda enfrenta desafios como a volatilidade de preço, que pode dificultar seu uso como reserva de valor e unidade de conta. Além disso, a infraestrutura para o uso do Bitcoin ainda está em desenvolvimento, o que pode ser uma barreira para a adoção em larga escala."

Ela continuou, "Outro ponto é a escalabilidade.

A rede Bitcoin, em seu estado atual, pode processar um número limitado de transações por segundo, enquanto as redes de cartões de crédito podem processar milhares.

No entanto, soluções como a Lightning Network estão sendo desenvolvidas para melhorar a escalabilidade do Bitcoin."

Alice refletiu sobre essas informações. "Então, o Bitcoin tem muitas vantagens, mas também precisa superar alguns desafios para competir plenamente com os sistemas tradicionais."

"Exatamente," disse a Rainha de Copas. "O Bitcoin é uma tecnologia jovem e promissora, com o potencial de revolucionar a economia global. No entanto, é importante continuar inovando e resolvendo problemas para alcançar uma adoção mais ampla."

Alice agradeceu à Rainha de Copas e deixou o café, sentindo-se mais informada sobre as diferenças entre o Bitcoin e os sistemas financeiros tradicionais. Ela sabia que entender essas diferenças era crucial para apreciar o impacto potencial do Bitcoin no mundo.

Com determinação renovada, Alice continuou sua jornada pelo País do Bitcoin, pronta para explorar ainda mais e descobrir novas maravilhas desse fascinante mundo digital. Ela estava cada vez mais próxima de se tornar uma verdadeira conhecedora do universo do Bitcoin, equipada com o conhecimento necessário para navegar e prosperar nesse novo e emocionante cenário econômico.

Capítulo 10: O Espelho da Liberdade

(Liberdade Monetária)

Após deixar o café das Cartas de Crédito, Alice continuou sua jornada pelo País do Bitcoin. Ela encontrou um caminho que a levou  a um majestoso palácio de cristal, onde um grande espelho estava suspenso no ar, brilhando com uma luz etérea. Ao se aproximar, uma figura familiar apareceu no reflexo: o Coelho Branco.

"Bem-vinda ao Espelho da Liberdade, Alice," disse o Coelho Branco, com um sorriso acolhedor. "Hoje, vamos explorar a ideia de liberdade monetária e como o Bitcoin pode proporcionar isso."

Alice olhou fascinada para o espelho, que refletia não apenas sua imagem, mas também cenas de pessoas ao redor do mundo usando Bitcoin. "Liberdade monetária? O que isso significa, Coelho Branco?"

O Coelho Branco começou a explicar. "Liberdade monetária é a capacidade das pessoas de escolher e usar suas próprias formas de dinheiro sem interferência ou controle governamental.

No sistema financeiro tradicional, os governos e bancos centrais controlam o dinheiro, impondo políticas que podem limitar o acesso, desvalorizar moedas e restringir transações."

Ele gesticulou para o espelho, que mostrou imagens de pessoas em diferentes países enfrentando dificuldades econômicas devido à inflação, controles de capital e censura financeira. "O Bitcoin foi criado como uma alternativa a esse sistema centralizado. Como uma moeda descentralizada, ele oferece às pessoas uma forma de dinheiro que não pode ser controlada por nenhum governo ou entidade central."

Alice observou as cenas no espelho com interesse. "Então, o Bitcoin pode ajudar as pessoas a protegerem suas economias contra a inflação?"

"Exatamente," respondeu o Coelho Branco. "Como o Bitcoin tem uma oferta limitada de 21 milhões de unidades, ele é resistente à inflação que resulta da impressão excessiva de dinheiro pelos governos. Isso permite que as pessoas preservem o valor de suas economias ao longo do tempo."

Ele continuou, "Além disso, o Bitcoin permite que as pessoas transfiram dinheiro livremente, sem as restrições impostas pelos bancos e governos. Isso é particularmente importante em países com controles de capital rígidos, onde os cidadãos enfrentam dificuldades para enviar dinheiro para o exterior ou fazer transações internacionais."

Escrito e ilustrado por Danilo Miranda, também conhecido pelo canal no YouTube Danilo Coin.

O espelho então mostrou uma cena de um comerciante em um país em desenvolvimento aceitando Bitcoin como pagamento. "A liberdade monetária também significa inclusão financeira," disse o Coelho Branco. "Com o Bitcoin, qualquer pessoa com um smartphone e acesso à internet pode participar da economia global. Isso é uma mudança significativa para as bilhões de pessoas que atualmente não têm acesso aos serviços bancários tradicionais."

Alice estava impressionada com as possibilidades. "Mas como as pessoas podem garantir que suas transações sejam seguras e privadas?"

"O Bitcoin oferece uma boa combinação de segurança e privacidade," explicou o Coelho Branco. "As transações são verificadas por uma rede de mineradores e registradas no blockchain, o que garante a transparência e a imutabilidade das transações. Ao mesmo tempo, o uso de endereços pseudônimos protege a identidade dos usuários, permitindo um certo nível de privacidade."

O espelho então mostrou uma cena de manifestantes usando Bitcoin para financiar suas atividades em um regime opressivo. "Em situações de opressão, o Bitcoin pode ser uma ferramenta poderosa para a liberdade," disse o Coelho Branco. "Ele permite que pessoas financiem causas justas e escapem da censura financeira, garantindo que seus recursos não sejam bloqueados ou confiscados."

Alice refletiu sobre todas as maneiras pelas quais o Bitcoin poderia promover a liberdade. "Então, o Bitcoin não é apenas uma tecnologia, mas também um movimento pela liberdade e pela justiça econômica?"

"Sim, Alice," disse o Coelho Branco com um sorriso. "O Bitcoin representa uma visão de um futuro onde o dinheiro é verdadeiramente livre, onde as pessoas têm controle total sobre suas finanças e onde a inclusão econômica é acessível a todos. Mas para alcançar esse futuro, precisamos continuar educando e inovando."

Alice sentiu-se inspirada. "Agora entendo a importância da liberdade monetária e como o Bitcoin pode transformar vidas ao redor do mundo."

"Você está certa," disse o Coelho Branco. "E com esse entendimento, você está um passo mais perto de se tornar uma verdadeira defensora da liberdade financeira. O poder de mudar o mundo está nas mãos de cada indivíduo que escolhe adotar e promover o Bitcoin."

Com uma nova compreensão e uma paixão renovada pela liberdade monetária, Alice deixou o Espelho da Liberdade. Ela sabia que a jornada estava longe de terminar, mas estava determinada a continuar explorando e promovendo as maravilhas do Bitcoin.

Enquanto caminhava para o próximo capítulo de sua aventura, Alice sentiu-se mais fortalecida e esclarecida, pronta para enfrentar os desafios e abraçar as oportunidades que o mundo do Bitcoin poderia oferecer.

Escrito e ilustrado por Danilo Miranda, também conhecido pelo canal no YouTube Danilo Coin.

O País do Bitcoin era um lugar de infinitas possibilidades, e Alice estava preparada para descobrir cada uma delas, com a liberdade e o conhecimento como suas guias.

Escrito e ilustrado por Danilo Miranda, também conhecido pelo canal no YouTube Danilo Coin.

O Retorno ao Mundo Real

Após sua longa e esclarecedora jornada pelo País do Bitcoin, Alice encontrou-se novamente diante do buraco da toca que a havia  trazido a este mundo fantástico. O Coelho Branco estava ao seu lado, sorrindo.

"É hora de voltar, Alice," disse ele. "Você aprendeu muito sobre o Bitcoin e como ele pode transformar o mundo. Agora, é hora de levar esse conhecimento de volta ao mundo real."

Alice assentiu, sentindo-se pronta. "Sim, estou pronta. Mas o que devo fazer quando voltar?"

O Coelho Branco respondeu com sabedoria. "Compartilhe o que você aprendeu. Eduque as pessoas sobre os benefícios do Bitcoin e como ele pode promover a liberdade monetária. Ajude a construir um futuro onde todos tenham acesso a um sistema financeiro justo e inclusivo."

Alice deu um último olhar ao País do Bitcoin, admirando a beleza e a complexidade do lugar. Ela sabia que levaria consigo as lições aprendidas aqui. Com um passo decidido, ela entrou no buraco da toca e começou a ascender de volta ao mundo real.

Escrito e ilustrado por Danilo Miranda, também conhecido pelo canal no YouTube Danilo Coin.

De repente, Alice abriu os olhos e se viu de volta em seu jardim, o sol brilhando suavemente. Tudo parecia igual, mas algo dentro dela havia mudado. Ela sentia-se empoderada e cheia de propósito.

Enquanto caminhava de volta para casa, Alice refletia sobre os ensinamentos do País do Bitcoin. Ela pensou na importância da descentralização, da segurança proporcionada pela criptografia, da liberdade econômica, e de como o Bitcoin poderia ajudar bilhões de pessoas ao redor do mundo.

Ela se lembrou do Chapeleiro Maluco e do Chá da Descentralização, onde aprendeu sobre os benefícios das transações rápidas e baratas. Pensou na Rainha de Copas e nos desafios da regulação, compreendendo a necessidade de equilibrar inovação com proteção ao consumidor. E claro, não poderia esquecer do Gato de Cheshire e das lições sobre privacidade e anonimidade.

Alice sabia que havia mais a aprender e a explorar no mundo do Bitcoin, mas estava confiante de que tinha uma base sólida para começar. Ela decidiu que começaria compartilhando suas descobertas com seus amigos e familiares, explicando como o Bitcoin poderia beneficiar suas vidas.

Ela também pensou em escrever sobre sua jornada, criando um guia simples e acessível para ajudar outros a entenderem o Bitcoin. Alice sabia que a educação era a chave para a adoção generalizada e que cada pessoa informada poderia contribuir para um futuro mais justo e inclusivo.

Alice percebeu que sua jornada não havia terminado; apenas estava começando. Ela estava determinada a se envolver com a comunidade de criptomoedas, participar de discussões e continuar aprendendo sobre as inovações que estavam por vir.

Enquanto o sol se punha, Alice sentiu uma sensação de satisfação e propósito. O País do Bitcoin havia mostrado a ela um mundo de possibilidades e, agora, cabia a ela ajudar a moldar o futuro.

Alice sorriu, sabendo que estava pronta para enfrentar os desafios e abraçar as oportunidades que o mundo real tinha a oferecer. Com o conhecimento e a paixão que adquiriu, ela estava preparada para fazer a diferença, promovendo a liberdade financeira e a inovação tecnológica.

E assim, Alice começou seu novo capítulo no mundo real, determinada a transformar o conhecimento em ação e a contribuir para um futuro onde o Bitcoin pudesse realmente realizar seu potencial de mudar o mundo.

Escrito e ilustrado por Danilo Miranda, também conhecido pelo canal no YouTube Danilo Coin.

Querido leitor,

Obrigado por acompanhar Alice em sua fascinante jornada pelo País do Bitcoin. Através desta narrativa, esperamos ter proporcionado uma visão clara e acessível sobre o que é o Bitcoin, como ele funciona e por que ele tem o potencial de revolucionar o sistema financeiro global.

Minha inspiração para este livro veio da necessidade crescente de entender as criptomoedas e suas implicações em nossas vidas diárias. Como Alice, muitos de nós estamos curiosos e, ao mesmo tempo, um pouco confusos com este novo mundo digital. Através da combinação do clássico conto "Alice no País das Maravilhas" de Lewis Carroll e o tema moderno do Bitcoin, tentei criar uma ponte entre o conhecido e o desconhecido, tornando a complexidade da tecnologia blockchain e das criptomoedas mais acessível e interessante.

Ao longo do livro, exploramos conceitos fundamentais como a descentralização, segurança criptográfica, privacidade e liberdade econômica. Aprendemos sobre a história do dinheiro e como o Bitcoin se insere nessa trajetória evolutiva. Também discutimos os desafios regulatórios e a importância de equilibrar a inovação com a proteção do consumidor.

A ideia central é que o Bitcoin não é apenas uma moeda digital, mas também um movimento que promove a liberdade financeira, a inclusão e a justiça econômica. Ele oferece uma alternativa ao sistema financeiro tradicional, permitindo transações diretas e seguras entre indivíduos, sem a necessidade de intermediários centralizados.

Escrito e ilustrado por Danilo Miranda, também conhecido pelo canal no YouTube Danilo Coin.

A jornada de Alice no País do Bitcoin é uma metáfora para a nossa própria jornada de aprendizado e descoberta. À medida que nos aprofundamos nesse universo, é crucial que continuemos a educar e a informar uns aos outros, construindo um futuro onde todos possam se beneficiar das oportunidades proporcionadas por essa tecnologia revolucionária.

Gostaria de agradecer a todos que contribuíram para a realização deste livro, especialmente a Fernando Ulrich, cuja obra "Bitcoin – A Moeda na Era Digital" serviu como uma base sólida para muitos dos conceitos apresentados aqui. Agradeço também a você, leitor, por se juntar a Alice nesta viagem de descoberta.

Espero que este livro tenha inspirado você a explorar mais sobre o Bitcoin e a considerar como ele pode impactar sua vida e a sociedade como um todo. A jornada está apenas começando, e cada um de nós tem um papel a desempenhar na construção deste futuro emocionante.

Com gratidão e entusiasmo,

Danilo Miranda

também conhecido pelo canal no YouTube Danilo Coin

Escrito e ilustrado por Danilo Miranda, também conhecido pelo canal no YouTube Danilo Coin.

Glossário de Termos Técnicos

Bitcoin (BTC): A primeira e mais conhecida criptomoeda, criada por Satoshi Nakamoto em 2008. Utiliza a tecnologia blockchain para transações seguras e descentralizadas.

Blockchain: Um livro-razão digital e distribuído que registra todas as transações de Bitcoin de forma transparente e imutável.

Chave Privada: Um código secreto que permite ao proprietário gastar seus Bitcoins. Deve ser mantida em segredo para garantir a segurança dos fundos.

Chave Pública: Um endereço que pode ser compartilhado com outros para receber Bitcoins. É derivada da chave privada.

Mineração: O processo de verificar e adicionar transações ao blockchain. Mineradores usam computadores poderosos para resolver problemas matemáticos complexos e são recompensados com novos Bitcoins.

Wallet (Carteira): Um software ou dispositivo físico que armazena chaves privadas e públicas, permitindo ao usuário enviar e receber Bitcoins.

Hash: Um valor gerado por uma função hash que representa dados de forma compacta. No blockchain, cada bloco contém um hash que garante sua integridade.

Escrito e ilustrado por Danilo Miranda, também conhecido pelo canal no YouTube Danilo Coin.

Satoshi Nakamoto: O pseudônimo do criador ou criadores do Bitcoin. A verdadeira identidade de Satoshi Nakamoto permanece desconhecida.

Pseudonimidade: O estado de usar um pseudônimo. No Bitcoin, as transações são feitas usando endereços públicos que não estão diretamente ligados à identidade do usuário.

Escalabilidade: A capacidade do Bitcoin de processar um número crescente de transações. Soluções como a Lightning Network são desenvolvidas para melhorar a escalabilidade.

Escrito e ilustrado por Danilo Miranda, também conhecido pelo canal no YouTube Danilo Coin.

Referências Adicionais

1. Livros e Artigos

   - "Bitcoin – A Moeda na Era Digital" por Fernando Ulrich.

   - "Mastering Bitcoin" por Andreas M. Antonopoulos.

   - Artigos acadêmicos sobre a teoria econômica do Bitcoin e blockchain.

2. Recursos Online

   - Bitcoin.org: O site oficial do Bitcoin com documentação e recursos educativos.

   - Blockchain.com: Plataforma para explorar o blockchain, verificar transações e estatísticas de rede.

   - CoinMarketCap: Site para acompanhar preços de criptomoedas, volumes de negociação e capitalização de mercado.

3. Comunidades e Fóruns

   - Bitcoin Talk: Fórum de discussão sobre Bitcoin e criptomoedas.

   - Reddit (r/Bitcoin): Comunidade ativa para discutir notícias e desenvolvimentos no mundo do Bitcoin.

Espero que este apêndice forneça os recursos e informações adicionais necessários para aprofundar seu conhecimento sobre o Bitcoin e sua tecnologia subjacente. O mundo do Bitcoin é vasto e em constante evolução, e há sempre mais a aprender e descobrir.

Boa sorte em sua jornada pelo fascinante universo das criptomoedas!

Com apreço,

Danilo Miranda

também conhecido pelo canal no YouTube Danilo Coin

Escrito e ilustrado por Danilo Miranda, também conhecido pelo canal no YouTube Danilo Coin.

Bônus: Curiosidades Fascinantes sobre "Bitcoin no País das Maravilhas"

Bem-vindo à Sessão Bônus de "Bitcoin no País das Maravilhas"! Aqui, você encontrará curiosidades incríveis e detalhes fascinantes

sobre o universo do Bitcoin, a tecnologia blockchain, e o processo de criação deste livro.

Estas curiosidades vão despertar ainda mais seu interesse pelo mundo das criptomoedas e incentivar a busca por novas aventuras literárias.

Aproveite!

Escrito e ilustrado por Danilo Miranda, também conhecido pelo canal no YouTube Danilo Coin.

1. A Origem do Bitcoin

Quem é Satoshi Nakamoto?: O Bitcoin foi criado por uma pessoa ou grupo de pessoas sob o pseudônimo de Satoshi Nakamoto. A  verdadeira identidade de Satoshi Nakamoto ainda é um mistério, o que adiciona um ar de mistério e intriga ao Bitcoin.

Primeira Transação de Bitcoin: A primeira transação de Bitcoin foi realizada em 2009 entre Satoshi Nakamoto e Hal Finney, um desenvolvedor e entusiasta da criptografia.

2. Tecnologia Blockchain

Imutabilidade: Uma das características mais fascinantes do blockchain é sua imutabilidade. Uma vez que uma transação é 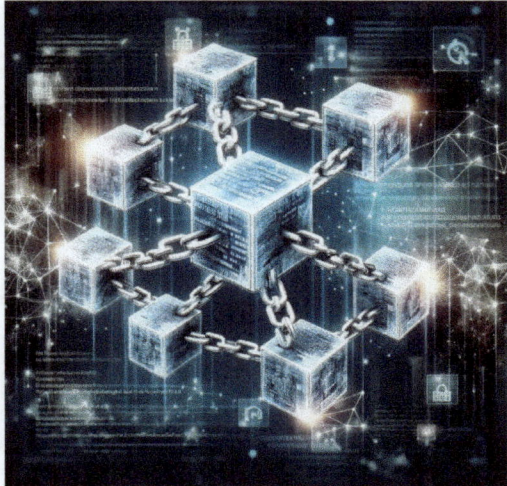 registrada em um bloco e adicionada à cadeia, ela não pode ser alterada. Isso garante a segurança e integridade dos dados.

Descentralização: Ao contrário dos sistemas financeiros tradicionais, o blockchain não é controlado por nenhuma entidade central. Isso significa que o poder está distribuído entre todos os participantes da rede, tornando-a mais justa e resistente a falhas.

3. Mineração de Bitcoin

O Processo de Mineração: Minerar Bitcoin é como resolver um quebra-cabeça complexo. Os mineradores usam computadores

poderosos para resolver problemas matemáticos que verificam e registram transações. Em troca, eles são recompensados com novos Bitcoins.

Energia Consumida: A mineração de Bitcoin consome muita energia. Estima-se que a rede Bitcoin consuma mais energia do que alguns países pequenos! No entanto, muitos mineradores estão migrando para fontes de energia renovável para reduzir o impacto ambiental.

4. Curiosidades sobre o Livro

Ilustrações Mágicas: Cada ilustração do livro foi cuidadosamente criada para capturar a magia do País das Maravilhas e a

complexidade do mundo do Bitcoin. As imagens ajudam a tornar os conceitos técnicos mais acessíveis e envolventes.

Personagens Conhecidos: Muitos personagens do clássico "Alice no País das Maravilhas" foram reimaginados para explicar conceitos do Bitcoin. Por exemplo, o Gato de Cheshire ajuda Alice a entender a privacidade e anonimidade no blockchain.

Escrito e ilustrado por Danilo Miranda, também conhecido pelo canal no YouTube Danilo Coin.

5. Bitcoin no Cotidiano

Aceitação Global: Cada vez mais empresas estão aceitando Bitcoin como forma de pagamento. Você sabia que é possível comprar um

carro, pagar por uma viagem e até mesmo fazer compras no supermercado com Bitcoin?

Microtransações: Uma das vantagens do Bitcoin é a possibilidade de realizar microtransações, enviando quantias muito pequenas de dinheiro sem incorrer em altas taxas de transação.

6. Aventuras Futuras

Educação Continuada: "Bitcoin no País das Maravilhas" é apenas o começo. Imagine explorar outras tecnologias emergentes e conceitos financeiros através de histórias lúdicas e educativas.

Próximos Livros: Fique atento aos próximos lançamentos!

As futuras aventuras podem levar Alice a explorar o mundo das finanças descentralizadas (DeFi), contratos inteligentes e outras criptomoedas fascinantes.

Escrito e ilustrado por Danilo Miranda, também conhecido pelo canal no YouTube Danilo Coin.

7. Impacto Social do Bitcoin

Inclusão Financeira: O Bitcoin tem o potencial de incluir financeiramente bilhões de pessoas que não têm acesso a serviços bancários tradicionais, proporcionando uma oportunidade de participação econômica global.

Liberdade Econômica: Em países com alta inflação e controle de capital, o Bitcoin oferece uma alternativa para preservar o valor da moeda e transferir dinheiro sem restrições governamentais.

8. Engajamento Comunitário

Comunidade Ativa: O mundo do Bitcoin é alimentado por uma comunidade ativa e vibrante de desenvolvedores, entusiastas e  investidores. Participar de fóruns, conferências e eventos é uma ótima maneira de aprender mais e se conectar com pessoas que compartilham seu interesse.

Contribuição Aberta: O Bitcoin é um projeto de código aberto, o que significa que qualquer pessoa pode contribuir para seu desenvolvimento. Se você é um programador, pode ajudar a melhorar a tecnologia e torná-la ainda mais segura e eficiente.

Escrito e ilustrado por Danilo Miranda, também conhecido pelo canal no YouTube Danilo Coin.

9. Histórias de Sucesso

Investimentos Precoces: Muitas pessoas que investiram em Bitcoin nos primeiros dias viram um crescimento exponencial em seus

investimentos. Histórias de sucesso inspiradoras mostram como a paciência e a visão de longo prazo podem valer a pena.

Inovação Contínua: O ecossistema do Bitcoin está em constante evolução, com novas soluções e inovações surgindo regularmente.

Desde a Lightning Network até as stablecoins, há sempre algo novo para descobrir e aprender.

10. Mitos e Verdades sobre o Bitcoin

Mito: "O Bitcoin é usado principalmente para atividades ilegais."
Verdade: Embora o Bitcoin possa ser usado para transações ilegais,

assim como o dinheiro tradicional, a maioria das transações de Bitcoin é legítima. A transparência do blockchain ajuda a rastrear e prevenir atividades ilícitas.

Mito: "O Bitcoin é anônimo."
Verdade: O Bitcoin é pseudônimo, o que significa que as transações são registradas em endereços públicos que não estão diretamente ligados à identidade dos usuários. No entanto, com as ferramentas certas, essas transações podem ser rastreadas.

Esperamos que estas curiosidades tenham despertado seu interesse pelo mundo do Bitcoin e pela jornada mágica de Alice no País das Maravilhas. Fique atento aos próximos lançamentos e continue explorando este universo fascinante com nossos livros lúdicos e educativos. Boa leitura e até a próxima aventura!

Escrito e ilustrado por Danilo Miranda, também conhecido pelo canal no YouTube Danilo Coin.

www.ingramcontent.com/pod-product-compliance
Lightning Source LLC
Chambersburg PA
CBHW050238230526
45470CB00005B/2005